AF451876

DISCOVRS
DE L'ORIGINE,
DES MOEVRS, FRAV-
DES ET IMPOSTVRES
des Ciarlatans, auec leur
deſcouuerte.

Dedié à Tabarin & Deſiderio de
Combes.

Par I. D. P. M. O. D. R.

À PARIS,
**Chez DENYS LANGLOIS, au Mont ſainct
Hilaire, à l'enſeigne du Pelican.**

M. DC. XXII.

L'ORDRE DES CHA-PITRES.

CHAPITRE I.

DE L'ORIGINE, MOEVRS
fraudes & impoſtures des Ciar-
latans. CHAP. I.

*Que c'eſt grand erreur d'achepter des remedes, ou
prendre conſeil des Ciarlatans pour la gueriſon des malades.*

OMME ainſi ſoit qu'en la ſcience de
Medecine la plus vtile & neceſſaire
de toutes ſe commettent infinis er-
reurs touchant la gueriſon des pauures malades, iceux d'autant plus
importans & conſiderables, qu'ils
ſont faicts en ce que l'homme a de plus precieux au
monde, qui eſt la ſanté du corps; ce n'eſt pas toutefois mon deſſeing de diſcourir icy de tous, mais ſeulement de ceux qui ſe practiquent es places publi-
ques par ceſte ſorte de gens que nous appellons cō-
munement Ciarlatans; Erreur d'autant plus grand
& dommageable, qu'ils ſe coule au dedans de nous,
couuert de l'ornement, du maſque & apparence de
quelque artiſte langage, qui nous dore ceſte pilule,
& la propoſe à vn peuple ordinairement credule &
ignorant.

Ie dis donc pour commencer ce diſcours que d'a-
cheter les remedes, medicamens, pouldres, onctiōs,
baumes, huiles, & tels autres des Ciarlatans, c'eſt vn
erreur treſpernicieux: non ſeulement pource que le
plus ordinairement ils cauſent dommage, & ſouuét
la mort, Mais plus encore, pource qu'il y va grande

ment de l'interest & salut de l'ame, comme nous dirons en son lieu.

Premierement par ce mot de Ciarlatans, i'entens ceux que les Italiens appellent *Saltambanci*, basteleurs, bouffons, vendeurs de bagatelles. & generalement toute autre personne, laquelle en place publique montee en banc, à terre, ou à cheual, vend medecines, baumes, huilles ou poudres, composees pour guerir quelque infirmité, loüant & exaltant sa drogue, auec artifice, & mille faux sermens, en racontant mille & mille merueilles : Et pour entrer plus auāt au traicté de cste erreur, ie maintiens qu'il est le plus grossier & impertinent que iamais homme puisse commettre, & ce pour trois raisons principales : La premiere si nous auons esgard à sa fin; la seconde si à l'action; la troisiesme si nous considerons l'agent. Pour sa fin, d'autant que celuy qui achepte telles drogues a pour but d'ayder & secourir ses malades, & ainsi despense & employe son argent, combien qu'ordinairement le remede luy apporte dommage : Pour son action par ce que c'est vn medicament vendu en place publique & exposé a l'encan : Bref pour l'agent, d'autant que ce vendeur est communement vn fugitif, vn vagabond, bouffon, & Ciarlatan.

Mais repassons ces trois considerations auec plus de loisir, & discourons a nostre ayse sur chacune d'icelles, car ainsi cognoistrons nous clairement de quel poix & importance elles sont. Quand a moy toutes fois & quantes que ie considere ceste premiere raison, sçauoir la fin & le but qui meut l'homme à achepter les remedes des Ciarlatans, & qui n'est autre que pour soulager ses malades, ie ne puis cesser de

m'en efmerueiller : de penfer qu'vn homme raifon-
nable ayt fi peu de iugement & foit fi peu efclairé de
la lumiere de cefte raifon que d'auoir ce courage de
confier la vie de fes malades, parens, ou amis, (car les
vns & les autres luy doiuent eftre grandemét chers)
és mains d'vn Ciarlatan, d'vn homme fans fcience &
fans confcience, qui auec rifee & bouffonnerie vend
fes drogues ainfi qu'à lencan au plus offrant & der-
nier encheriffeur, ny plus ny moins que l'on fait les
friperies & les haillons : & qui pis eft tels remedes
font remportez auec plus de confiance que ceux des
Docteurs , ce peuple ignorant & balourde ayant
cefte penfee qu'vn vagabond, vn pilier de tauerne,
qui n'eftudie autre chofe qu'en l'art de ruffianerie,
foit plus fuffifant que cè Docteur, qui tout le temps
de fa vie eftudie & l'employe pour bien guerir : cet
erreur eft d'autant plus groffier, que fi pour péfer vn
cheual ou vn bœuf malades, on a recours au meil-
leur marefchal de toute la contree, & fi là ne s'en
trouuoit d'affez capables, on les cerche loing , & à
grand pris: & cependant pour la fanté d'vn parent ou
d'vn amy on eft fi credule que de fe fier aux fourberies d'vn qui fçait tout autre chofe que bien guerir.
Mais cet erreur fe monftre encore plus grand eu é-
gard à l'action du Ciarlatan, puis que chacun fçait
que la Medecine qui a efté creèe de Dieu pour le benefice du genre humain, doibt eftre exercee auec
grauité, prudence & modeftie, & que celuy feul s'en
peut plus dignement acquitter qui eft philofophe,
ainfi que l'ont toufiours eftimé & le fçauent les fça-
uants hommes: Or vn Philofophe fignifie autant
qu'vn homme de bien. Et qui dira que tels Ciarla-
latans foyent gens de bien? Mais s'ils font tels nous

l'examinerons cy apres par les loix ciuiles. Mais cet erreur susdict ne se recognoist il pas encore plus grand en voyant la Medecine venduc en place marchande à la façon des esclaues; &, ce qui est de plus exorbitant, par des personnes qui à peine sçauent lire. Mais c'est chose plaisante de voir l'artifice dont se seruent ces Medecins de banc pour vendre leurs drogues, quand auec mille faux sermen ils affermét d'auoir appris leurs secrets du Roy de Dannemarc, ou d'vn prince de Transsiluanie, afin que le peuple oyant ces noms illustres & serenissimes, leur iette aussi tost auec l'argent le mouchoir, ou le gant. Et quãd ainsi seroit qu'vn tel prince les leur auroit dõnez, pour cela seroyent ils plus excellents? les princes estudient ils en Medecine? On repliquera peut estre, que les choses rares souuent s'addressent & tombent ez mains des princes. Cela est bien vray: Mais ces choses rares quand ils les possedent, ils les gardent pour euxmesmes: Et si quelquefois ils donnent le remede, ils n'en communiquent pourtant pas le secret: & quand ils le voudroyent faire, ce ne seroit pas (à mon aduis) à des Charlatans, quand ils n'auroyent autre crainte que d'estre nommez sur le theatre par ces bouches infames.

Ce seroit donc grand' merueille de croire que ce remede fut bon, lequel en guise d'vn vieil haillon est exposé venal, rendu authentique par la presence d'vn fugitif, d'vn coureur couuert de velours, galõné d'or & d'argent, approuué d'vn Zany, enregistré dans la feinte doctorerie d'vn Gratian, illustré de la presence d'vne putain ou maquerelle eshontee, scellé par les plaisanteries d'vn Tabarin, ou d'vn Grisigoulin, confirmé par mille faux sermens, & accompagné d'autant de méſonges: & toutefois le peuple aueugle & ſtupide l'achepte auidement, & l'employe auec aſſeurance, iuſqu'à ce que finalemét par l'experience faulſe & menſongere il ſe recognoiſt deceu & trompé, mocqué & beſflé, s'aduiſant, mais trop tard, de ſa ſimplicité. Mais que diroit-il s'il voyoit cependant ce maiſtre Ciarlatan ſuiuy de ſes compagnons, aſſis ez cabarets aux bonnes tables couuertes de frians morceaux & vins delicieux s'eſclattans de rire, & faiſans bonne chere à la barbe & aux deſpens de tels balourdes qui deſpenſent ſi ſollemét leur argent ?

Sçache donc (ô peuple ignorãt) que la vertu n'a point beſoing de baſteleurs, ny de Tabarins. La Medecine eſt vne vertu, & la vouloir debiter auec boufonneries, c'eſt la ſouiller & contaminer, c'eſt l'eſcorger. Elle fuyt & deſdaigne toute louãge vulgaire, & banniſſant l'auarice, ſe contente de ſon eſtre tresprecieux, reluiſant d'elle meſme ſans auoir beſoing de comedie, de chãts ou de violõs: d'elle meſme plus riche que l'or & les pierres precieuſes, ainſi que diſoit iadis Euripide :

Non eſt virtute melior poſſeſſio,
Non enim ſubmittit ſe, neque pecuniis,
Neque ſeruituti, neque adulationi vulgi
Sed virtus quo frequentius ez vti libet,
Eo magis creſcit, perfectior fit.
Virtus maximum rerum humanarum bonum.

Mais icy (me dira quelqu'vn, eſt il donc poſſible que les Ciarlatans n'ayent rien de vertueux? A celuy la ie reſpondray que ce mot de Vertu a beaucoup de ſignifications, leſquelles il faut eſplucher deuãt que reſpondre. La vertu ſignifie quelquefois vne priuation du vice. Quelquefois ce mot signifie vne partie de quelque science ou art vertueux, comme de Philosophie, ou de Medecine: En troisiesme lieu ce mot signifie vne obseruatiõ de quelque art mechanique. Cecy posé, ie dis que les Ciarlatans ne peuuent participer à la vertu entant qu'elle signifie vne priuatiõ du vice, pource que (cõme ie demonstreray cy apres par le tesmoignage de S Thomas) leur professiõ ne se peut exercer sans beaucoup de pechez mortels. Ils ne peuuent aussi auoir cete vertu entant qu'elle signifie cete partie d'art ou de science vertueule, cõme de Philosophie, ou Medecine, d'autant qu'en icelles ne se trouuét point de remedes qui guerissent en vn moment des maladies incurables, ainsi que ceux cy se vantent de pouuoir faire, disans que par trois onctions ils gueriront toute vieille douleur, ancienne surdité, le calcul, & autres maladies semblables. Reste donc qu'ils puissent auoir part à cete vertu, au sens que ce mot signifie vne obseruation particuliere de quelque art mechanique, comme par exemple, sçauoir faire des sauonnettes de bonne odeur, des pomades, pouldres à blanchir les dents, à faire mourir les souris, faire parfums, vendre des croisettes, petites images, & telles autres choses. C'est donc abus si au lieu de ces choses ils s'appliquent à vendre des remedes pour les indispositions du corps, comme pouldre à vers, pouldres ou liqueurs pour la douleur des dents, huiles pour douleurs froides & chaudes, baumes pour douleurs d'oreilles ou surditez, breuuages pour colique ou mal de mere, voire mesme de l'onguent pour la galle: & que ce soit erreur & abus tresgrand, ie le demonstreray au chapitre suyuant.

CHAP.

CHAP. II.

Auquel est traicté des causes, pour lesquelles c'est erreur d'achepter remedes des Ciarlatans pour quelque maladie que ce soit.

IE rapporteray en ce present chapitre les medicamens principaux, & les plus ordinaires des Ciarlatans, & examineray si en quelque façon il est pos-
sible qu'ils puissent estre vtiles à la santé du corps,
afin que par cet examen le peuple puisse cognoistre
& conclure le semblable de tous leurs autres remedes, selon ce que dit le Poëte:

    Crimine ab vno disce omnes.

Et s'il est vray que ie luy face voir à l'œil & toucher
à la main comme il est malheureusement deceu, &
que tels remedes n'ont aucune vertu ny puissance
de tout ce qu'ils en promettent, ie m'asseure qu'vne
autre fois il sera plus prudent & aduisé, pour n'employer si legerement son argent, & exposer ses malades en peril euident.

Mais icy m'obiectera quelqu'vn ma temerité, en
m'accusant de nier les bonnes & veritables experiences, que nous voions souuent produites par tels
medicamens: à celuy là ie respondray cy apres, &
descouuriray leurs tromperies, & à la fin du chapitre
suyuant i'exposeray encore comme il se peut faire
qu'il en sorte quelquefois de bons & valables effects.

Ie dis donc pour l'heure presente que leurs remedes n'ont aucun bon effect, que s'ils en ont c'est par
aduanture, voire mesme plus que par accident, ce

que ie prouue en ceste sorte.

Les remedes & maladies principales que se vantēt de guerir ces Saltimbanques, sont celles-cy: poudre pour tuer les vers, opiate pour le mal de mere, pour colique, ou autre grande douleur qui trauaille les hommes, huyles pour guerir toutes vieilles douleurs & anciennes surditez; liqueurs, poudres ou racines pour oster le mal des dents, onguent pour la rogne pommade pour guerir les creuasses d'vn tetin, & les mules au talon.

Or pour commencer à la poudre à vers, laquelle est le plus ordinaire remede dont ils se seruent, ie dis qu'vn tel remede n'estant point administré auec raison ne peut produire aucun bon effect, parce que pour guerir à propos ceste vermine, nous deuons auoir trois intentions: la premiere c'est d'auoir esgard à la fiebure, pour ce que ou iamais ou rarement les vers ne sont sans fiebure: la seconde de faire mourir les vers: la troisiesme de les tirer du corps: Or plusieurs choses sont propres à faire mourir les vers, lesquelles pour leur chaleur excessiue causent la fiebure, ainsi que le scordium par sa chaleur: d'autres encore font bien mourir les vers, & ne les tirent toutefois pas du corps: Que si estant morts ils demeurent au corps plus longuement, alors par leur poutriture ils augmentent la fiebure & autres tels accidens: Ces trois intentions sont de si grand poix qu'il est impossible qu'vn homme ignorant & brutal les puisse cōprendre: ce n'est donc sans raison que ceste poudre n'a aucun bon effect & si en plein theatre iettant de ceste poudre sur les vers on les veoit mourir, (& c'est ce qui charme le spectateur) il ne s'aduise pas, & ne prend garde que pour arriuer iusques aux entrailles

la niche de ces vers, il en faudroit plus de deux on-
ces, bien loing du peu que ces gens donnent pour
deux grands blancs; & bien que ceste poudre les fit
mourir, ie demande par quelle vertu les tirera elle
du corps? Mais encore ceste poudre est elle si secrete
qu'elle ne soit cogneuë des Medecins? ces mesmes
Charlatans l'acheptent dans les boutiques, & n'est
autre que la poudre de coralline, appellee des an-
ciens mousse marine, & ce qu'ils acheptent pour 20.
sols ils le vendent par leurs charlataneries plus de
vingts francs: Mais qui pis est pour croistre la quan-
tité de ceste poudre, ils y adioutent d'autres ingrediens à eux incogneus, & qui peuuent infiniment
plus redoubler la fiebure qu'ils n'ont de puissance à
tuer les vers : & parauanture que chacun ne sçait
pas que ceste coralline est grandement puissante
contre les vers, comme aussi la graine d'orége, de ce-
dres, & des choux vers, le dictam de Candie & le
scordium: appert donc par ce que dessus que c'est vn
erreur tres grand d'employer telles poudres sans
l'aduis d'vn docte Medecin, tant pour le regard de
la fiebure qui accompagne ses vers, que pour les
chasser hors du corps.

Mais leurs opiates pour le mal de mere me mettent grandement en colere, considerant qu'auec tât
d'audace ils promettent de guerir infailliblement &
en vn moment telles douleurs, & toutefois chacun
sçait & se voit iournellement, que telles maladies
sont d'vne cure tres-difficile, bien que regies & gou-
uernees par les plus habiles Medecins, & particulie-
rement quãd elles sont causees de la suppression des
mois, de l'intemperie de la matrice chaude ou froide, ou d'abcez, ou de playe, si qu'alors est besoin non

ſeulement de ſaignees ou de purgations ſouuent reï-
terees, mais auſſi de mille & mille linimens , autant
de diuerſions,& à peine encore eſt-ce aſſez: & neãt-
moins vn Ciarlatã promettra de la guerir en vn moment auec ſa drogue:mais il le faiſt encore beau voir
promettant en la meſme ſorte la gueriſon de la colique , laquelle ſoit qu'elle ſoit renale, ou de l'eſto-
mach,ou des entrailles , naiſſante ou de groſſes ven-
toſitez ou d'humeurs froides & crues,ou de quelque
intemperie , requiert vne abondance de clyſterec,
de vomitoires,de purgatifs,& autres medicamens.

Que diray-ie de leurs huyles pour guerir les vieilles douleurs & antiques ſurditez, leſquelles en preſence du peuple ils exaltent iuſques au tiers ciel, iuſques à ce que par mille fauſſes merueilles racontees,
ils luy ayent tiré l'argent de ſa bourſe: & puis quand
il en vientà l'eſſay,la fauſſeté recogneuë , il ſe moc-
cue luy meſme de ſa ſimplicité ou pluſtoſt ſtupidité,
de croire qu'vne huyle ſans autre preparation, és
mains d'vn ignorant Ciarlatan, ayt ceſte vertu &
puiſſance de guerir les douleurs & ſurditez enuieil-
lies & enracinees : En voicy la raiſon : Les vieilles
douleurs le plus ordinairement ſont cauſees de de-
fluxiõs,ou chaudes ou froides ou meſlees des deux:
comme auſſi de l'imbecillité des parties , qui reçoi-
uent la fluxion; Quant aux fluxions , elles peuuent
eſtre cauſees de l'intẽperie des parties qui enuoient,
d'où appert que pour appaiſer telles douleurs, il
faut oſter premierement la cauſe,puis il faut digerer
& purger les humeurs peccantes,& finalement for-
tifier les parties, d'autant que rendues telles elles ne
receuront plus l'humeur, comme auſſi les autres ne
l'enuoieront plus;& ainſi l'humeur peccante cuite &

digeree, n'apportera plus la douleur, laquelle par ce moyen cessera: Mais pour accomplir toutes ces choses, il n'est pas seulement requis vn, mais plusieurs medicamens, & de diuerse nature & qualité : C'est donc chose ridicule & impossible que ceste huile ou baume du Ciarlatan le puisse faire, composee à l'aduenture, ou auec ingrediens, lesquels s'ils peuuent seruir à la coction ou digestion de l'humeur nuiront à la cause d'iceluy, & s'ils sont vtiles à cestuy-cy, nuiront à celuy-là.

Ie dis le mesme des antiques surditez, lesquelles comme enseigne Galien au 1. des differences des symptomes, chap. 3. viennent d'intemperie, ou de tumeurs dans les oreilles: Or pour la guerison d'icelles il faut premierement oster la cause, ce qui est impossible quand la surdité est confirmee, c'est à dire quand la faculté de l'ouye est abolie & destruite, ainsi que l'enseigne l'experience, & Paul Ægin. clairement au 3. l. ch. 23. & cest axiome des Philosophes, que de la priuation à l'habitude il n'y a point de retour, & nonobstant le peuple croira à ce bauard de Ciarlatan, qui promet la guerir auec vne huile? Ie dis le semblable de ces racines ou liqueurs qu'ils vendent pour oster la douleur des dents, quãd ils afferment qu'au dedans d'icelles il y a des vers, serpens ou basilics, & qu'en tout temps chacun nourrit au dedans de soy vne formilliere de vers: ce qui est vn vray songe & folie de croire: ie ne nie pas que si vne dent est gastee, & qu'il y ayt au dedans d'icelle quelque erosion ou pertuis, que le residu des viandes s'y corrompant, il ne s'y puisse engendrer des vers, comme nous voyons dans les oreilles des petits enfans pour la pourriture qui s'y amasse,

‹‹‹ qu'autrement & pour autre raiſon , il y ayt des
vers dans les dents, c'eſt folie & menſonge , car ſi
ainſi eſtoit l'homme enrageroit , comme font les
chiens,& feroit en vn tourment perpetuel , veu le
grand ſentiment que les dents ont , feules entre les
os du corps humain : & ceſte douleur atroce que
nous fentons ne prouient pas toufiours des vers,
mais d'vne intemperie chaude, froide ou meſlee : or
de compoſer vn medicament bon à toutes ſes chofes, il n'appartient qu'à vn docte Medecin, & non
pas à vn ignorant Ciarlatan, lequel ainſi ne guerira
iamais ceſte douleur comme il appartient ; & quand
bien quelqu'vn luy auroit enfeigné de compofer vn
tel medicament, il ne guerira pourtant pas la douleur, ſi premier il n'arreſte la fluxion , & c'eſt ce qui
furpaſſe ſa capacité, auſſi ne le promet-il pas : Il en
faut autant dire de ceſt autre menfonge , que tout
homme aye toufiours des vers au dedans du corps:
car combien qu'il ſoit vray qu'il s'y engendrent
quelquefois,& principalement au têps des fruicts,
&;des grandes pourritures , neantmoins cela n'eſt
pas en tout temps,& l'homme ne pourroit viure ſi
ainſi eſtoit, car la pourriture en eſtant la caufe, ſi elle
eſtoit dedans nous continuellement, produiſant ce-
ſtefourmilliere de vers, certainement auec le temps
elle s'empareroit du cœur,& y allumant vne fiebure
continuë, nous priueroit auſſi toſt de la vie.

En apres leur onguent pour la galle eſt non feulement ſufpect, mais auſſi pernicieux : pource que de
ceux qui ont la galle aucun ne s'en peut frotter qu'a-
uec grand peril, s'il ne ſe purge premierement, d'autant que ceſt onguent reſſerrant & deſſechant les
vlceres & crouſtes par où la nature ſouloit defchar-

ger les mauuaifes humeurs, lors ces humeurs fe s'enferment au dedans, & peuuent auec effort rebrouffer à quelque partie noble, & caufer de tres-facheufes accidens, voire mefme la mort, comme nous auons veu quelquefois arriuer.

Quant à leur pommade à guerir les creuaffes de tetins, & les mules, c'eft chofe admirable, car chacun fçait que pour guerir telles creuaffes, eft befoin d'vn medicament defficatif, pource qu'elles font vne forte d'vlceres: & pour guerir les mules quand elles ne font vlcerees, eft befoing d'vn medicament digeftif, mais fi elles font vlcerees & entamees, il faut chofe qui deffeiche: & l'on fçait toutesfois qu'en vne pommade pour eftre bien faicte, il n'y faut autre chofe que de la graiffe de cheureau, pommes & eau rofe: or fi ces ingrediens peuuent accomplir ce que promet le Ciarlatan, que celuy le die qui a du iugement.

Il eft donc vray que tout ce qu'ils vendent fur leurs theatres ne fait ny ne peut faire les chofes qu'ils promettent; & fi quelquefois il s'en veoit des experiences ou fe font tromperies, comme nous dirons au chapitre 5. de ce difcours, ou vn cas fortuit, d'autant qu'en telles huiles & medicamens à peine fe trouue vne plante qui aye puiffance de guerir cefte douleur ou de dents, ou d'eftomach; ainfi donc eft le malade affronté: Que s'il a fait du bien à vn, il a fait du mal à mille autres: & eftimons nous que s'ils fçauoient de certains & infaillibles remedes, & que ce qu'ils promettent fuft vray ou vray femblable qu'ils fuffent toufiours vagabonds, & logez dans les hoftelleries? qu'ils ne s'arreftaffent pas aux bonnes villes, dans lefquelles vn feul remede qui auroit vne feule entre tant de vertus qu'ils extollent, feroit capable & fuffifant de les faire à tout iamais riches? i'ay cogneu dans la ville de Venife vn Medecin Frãçois, lequel auec vn feul remede pour la carnofité, pour ce qu'il eftoit tres approuué, eftoit non feulement en grande reputation, mais auffi gagnoit tout ce qu'il vouloit: En cefte mefme ville il y auoit deux freres nommez les Nurcins, perfonnages tres honorables, lefquels pour eftre tres-experts à tirer les pierres, faifoit des gains admirables : & fi fes Ciarlatans auoient ces affeurez remedes contre les gouttes dont ils fe vantent, tant de grands Princes qui en font fi ordinairement trauaillez, ne les feroient-ils pas riches pour ce feul fecret? voire mefme fi tout ce dont ils fe vantent fur leurs theatres eftoit fi fouuerain, fortiroient ils peu de téps apres des bonnes villes, craignans qu'apres la defcouuerte de leurs impoftures quelqu'vn ne leur en donnaft les reffentimens : & combien qu'apres trois ou quatre mois d'abfence ils retournent aux mefmes lieux, alors ils iettent de la poudre aux yeux du peuple, l'appaftelant de quatre ou cinq farces boufonnes : & combien que ceux qui ont efté befflez n'acheptent plus leurs drogues, fi eft-ce que les autres le font, & aucuns d'eux feulement pour leur dóner courage de continuer leurs farces & comedies : mais voyons maintenant combien ceft erreur eft confiderable, eu efgard à l'agent qui eft le Ciarlatan.

CHAP. III.

CHAPITRE III.

De l'origine des Ciarlatans.

A L'entree de ce difcours i'ay dit que l'importance de ceft erreur fe cognoift par ces trois
confiderations, de la fin, de l'action, & de l'agent.
Des deux premieres i'ay traicté aux chapitres prece-
dens; refte maintenant à difcourir de l'agent qui eft
le Ciarlatan, duquel voulant recercher l'origine, il
il me faut departir ce difcours en deux chefs, fçauoir
en la fource & origine du nom, & en celle de l'art. Ie
traicteray donc premierement du nom, puis de l'art.

Ce mot de Ciarlatan (lequel parmy nous ne fignifie autre chofe qu'vn qui monte en banc, aux
Italiens *faltimbanco*, aux Latins *Gefticulator*, aux Grecs
χειρονόμος) a tiré fon origine d'vne contree du pays
d'Vmbrie nommee Cerrettum, de laquelle font nó-
mez Ceretani, & defquels efcrit en ces termes vn
graue hiftorien : *Ceretani populi ex Cereto Vmbriæ oppido
qui totum orbem vno quodam ac turpi fuperftitionis genere lu-
dificant*: Et comme de cefte contree ils furent denom-
mez Ceretani, parce que plufieurs d'entr'eux faifoient profeffion de ceft art, auffi apres que cefte
profeffion fut paffee à d'autres nations d'Italie, ce
mot quand à fes lettres, receut quelque changemét,
retenant toutesfois la fignification quant à l'exercice du meftier: & d'autant que ces gens montez fur
leurs theatres, racontoient mille fables, menfonges,
fourbes & bagatelles, ils furent tous compris fous
le nom de Ciarlatans, ainfi par ce mot nous enten-
dons ce que les Grecs ont fait par le mot χειρονόμος

C

les Latins par *Gesticulatores & Ludiones*, lesquels noms
ayans vne signification generalle & vniuerselle, si-
gnifient aussi toute sorte de Ciarlatans, bouffons, &
histrions, mais plus proprement ceux qui dans les
places & lieux publics, montez sur des eschafaux,
s'efforcent de donner plaisir au peuple, & ainsi le
tromper en luy vendant des remedes contre toutes
infirmitez. Or que ces noms comme vniuersels, cõ-
prennent soubs leur signification d'autres encores
moins vniuersels, il appert par les Latins: car comme
ainsi soit que par *Gesticulatores & Ludiones*, ils enten-
dent toutes sortes de basteleurs, & Thriacleurs, neantmoins sous ces termes ils en comprenoient d'autres plus particuliers, selon la proprieté des choses
qu'ils representoient, comme *Mimi*, *Pantomimi*, *Ar-
chimimi*, *Ethologi*, *Ethopœi*, & semblables, & tous ceux-là
estoient maniere de bouffons: ny plus ny moins auiourd'huy sous le mot de Ciarlatan nous comprenõs
les Docteurs Gratians, les Zani, Pantalons, Buratins,
& ces gens qui sur vn theatre representent le Sici-
lien, le Neapolitain, l'Espagnol, le Bergamasque: &
cela suffira quant à l'origine du mot.

Quant à l'origine de cet art, il n'est point tant
aysé de la trouuer, & iusques icy quelque diligence
que i'y aye employee, ie n'ay peu venir en cognois-
sance de celuy qui osa le premier inuenter cest art,
qui est vrayement le nid & la pepiniere des bouffons: car i'açoit que toutes les especes & differences
de cest art soient par les bons autheurs Latins com-
prises sous le nom de *Histrions*, ou parce qu'ils sont
les premiers venus de *Istria*, ou parce que (ce que ie
croy plus veritablement) *Hister* en langue Florenti-
ne signifie vn farceur, & vn boufon. Neantmoins

cela n e fuffift pas à monftrer parfaictement fon origine. Quant à moy, ie croy qu'vn tel art, s'il n'a eu
fon cômencemêt du grand nombre des jeux que re-
prefentoient les Romains, au moins qu'il en a receu
vn grand accroiffement : ie dis cecy pource que la
ville de Rome non feulement quand elle a efté tri-
omphante s'eft grandement **delectee des** jeux &
fpectacles, mais mefmes iufques **en ces derniers** têps
a gardé cefte couftume de celebrer certains jeux
qu'ils appellent *Gochi Taurij*, lefquels combien qu'â-
ciennement ils fuffent celebrez en l'honneur des
Dieux infernaux, ont depuis efté reprefentez feulement pour donner plaifir au peuple és iours de Ca-
refme prenant, & c'eftoit la chaffe des taureaux : laquelle couftume fut abolie foubs le Pape Pie V. & à
bon droit, tant pour delaiffer cefte couftume vfitee
en la fuperftition des faux Dieux , comme pource
qu'en ces jeux mouroient beaucoup d'hommes. Or
pour retourner à mon propos, la ville de Rome a
toufiours aymé grandement les fpectacles & les
jeux, & de là prit naiffance leur inftitution , comme
les *Circenfes, Dionyfiens, Lebeens*, & autres inftituez, côme ie perfuade à l'imitation des jeux Olympiques,
ordonnez par Hercules , entre Helide & Rife de
Grece; lefquels fe celebroient tous les cinq ans en
l'honneur de Iupiter: ces jeux eftoient celebrez auec
tantde magnificence & d'apparat, auec vne fi grande varieté de beftes fauuages (lefquelles le peuple
ne tuoit pas feulement , mais à fon bon plaifir les
emportoit) que Suetone racontant les jeux que fit
Augufte, en dit d'eftranges merueilles, & les Empereurs faifoient tout cela pour s'acquerir la bienueil-
lance du peuple : **Autant en fit Caligola aux jeux**

des gladiateurs, Claudius aux ſeculiers, Neron aux
Circenſes,& pluſieurs autres ; & tels jeux eſtoient
repreſentez en pluſieurs endroits de la ville, comme
au Cirque,aux Theatres,aux Amphiteatres tant de
iour que de nuiét,comme ſemble le teſmoigner Au-
ſonne en ces vers:

Trina Tarentino celebrata trinoctia ludo.

I'ay dit que la profeſſion des Ciarlatans,ſi elle n'a
pris ſon origine de ces jeux , au moins elle en a tiré
ſon accroiſſement, parce qu'en tels iours y abordoit
vn nombre infiny de peuple,qui y eſtoient inuitez
tant ceux de la ville que les eſtrangers, au ſon public
des trompettes : & eſt croiable qu'en ces lieux y ac-
couroit auſſi grand nombre de Ciarlatans. ie dis cecy parce que Flauius Blondus en ſa Rome triom-
phante, reſmoigne que meſme és jeux que celebroient les Romains, ſe repreſentoient beaucoup
de niuelleries & de bagatelles : & moy i'ay veu dans
vne figure antique du triomphe que celebroient les
Romains,apres auoir ſubiugué les prouinces rebel-
les,les pourtraicts de cesThriacleurs,non ſeulement
pour donner plaiſir au peuple, mais pour inſulter &
brocarder les vaincus : d'où nous pouuons conclure
que ceſt art des Ciarlatans eſt bien antique,puiſque
dés le temps des premiers Empereurs elle eſtoit pra-
étiquee en leurs jeux : mais de dire qui en a eſté l'in-
uenteur , c'eſt ce que ie ne puis ; l'ayant toutesfois
ſoigneuſement & diligemment recerché dans les
bons autheurs ; bien diray-ie que par leur lecture,
l'ay appris les proprietez & conditions de tout téps
veuës & obſeruees en ces gens parmy l'exercice de
leur art;leſquelles ſont au nombre de cinq : La premiere condition c'eſt de ſe maſquer; la ſeconde de

monter en banc; la troisiefme dire & raconter des menfonges; la quatriefme de fe mocquer de la fimplicité du peuple : la derniere de vendre des boulettes & telles autres chofes. Telles font leurs principales actions, combien qu'en l'exercice leurs moyés foiét differens, & felon leurs particulieres humeurs, car aucuns d'eux fe feruent de Zani, autres de Buratins, autres de maquerelles, qui auec le luth, qui auec la lire ou la harpe: lefquelles fufdites proprietez bien examinees, i'ofe dire qu'elles furent inuentees du diable, puis que iadis par luy practiquees au paradis terreftre: & qu'ainfi ne foit, il fe mafqua ayant pris la forme d'vn ferpent: s'il n'eft monté fur vn theatre, il eft monté fur l'arbre, duquel fe font les tables, & de celles-cy les theatres: il a proferé menfonge, difant, *Nequaquam moriemini*: il s'eft mocqué d'eux, *& eritis ficut dij*, leur védit finon quelques boulettes, au moins des pommes qui en ont la reffemblance. C'eft donc à bon droit que le Diable & les Ciarlatans confpirét à mefmes effects, doüez & ornez de mefmes mœurs, defquelles ie propofe traicter au chapitre fuiuant.

CHAP. IV.

Des mœurs deprauees des Ciarlatans.

IL eft neceffaire à qui veut difcourir de leurs mœurs, d'y eftablir en premier lieu vne diftinction : car il y en a de beaucoup de fortes; & lors de chacun d'iceux nous en traicterons, & auec quelque fondement. Galien en fon liure, Que les mœurs de de l'efprit fuiuent le temperament du corps, diuife les mœurs en deux rangs, les vns naturels, les autres acquis: Les premiers font ceux qui viennent du tem-

perament : les seconds qui procedent de l'education
& de l'inſtitution : & combien que Galien rapporte
la cauſe des naturels au temperament, en diſant que
les bilieux ſont prompts, actifs, coleres, vindicatifs,
& cauteleux, à cauſe que la bile a ces proprietez, auſſi pareillement les ſanguins ſont temperez : graues,
affables, & modeſtes; les Phlegmatiques, tardifs, pe-
ſans, endormis, & mal idoines : & les melancholi-
ques craintifs, irreſolus, triſtes, haues & ſecs ; neantmoins Hippocr. au liure *De aëre aq. & locis*, Ptolomee
en ſon Centiloque, & Ariſtote au 7. de l'hiſtoire des
animaux, adiouſtent aux cauſes des ſuſdits tempera-
mens la ſituation des lieux, laquelle non ſeulement
d'elle-meſme, mais auſſi du climat dominất, a vertu
& puiſſance de donner telles meurs, ſelon leurs diſ-
poſitions ; c'eſt pourquoy Iſidore au liure de ſes Ety-
mologies, a dit : *Roma graues generat, ſic Græcia leues, Af-
frica verſipeles, natura Gallia fortes.* Tacite en dit autant
des mœurs des Allemans, ce qui a eſté reduit en vers
par vn gentil Poëte en ceſte ſorte :

Germani cunctos norunt tolerare labores,

O vtinam poſſent tam bene ferre ſitim.

Ciceron auſſi en l'Oraiſon 16. contre Rull. eſt de cet
aduis, que la ſituation des lieux forme les mœurs, &
pourtant dit que les Carthaginois ſont doubles &
trompeurs, non que leurs peres ou meres ayent cõ-
muniqué ces defauts, mais le lieu qu'ils habitent ;
ainſi les Montaignars de la Toſcane ſont rudes &
forts, comme ceux de la Campanie ſuperbes , *Nam*
ingenerantur mores tam à ſtirpe generis ac fluminis quàm ex
iis rebus quæ ab ipſa natura, à vitæ conſuetudine ſuppeditan-
tur quibus alimur & viuimus; Nam Carthaginenſes fraudu-
lenti & mordaces, non genere, ſed natura loci, Ligures montani

duros atque agrestes, docuit ager ipse nihil ferendo, nisi multâ cultura & magno labore quæsitum: Campani semper superbi bonitate agrorum & fructuum magnitudine; Ex hac copia & omnium rerum affluentia primum illa nata sunt, arrogantia, qua à maioribus nostris alteram Capua Consule postulauit, deinde ea luxuries quæ ipsum Annibalem, etiam tum inuictum voluptate vicit. A ces deux causes i'adiouste la troisiesme, qui est la faculté hereditaire des parens, pource que nous voyons bié souuent les enfans ressembler à leurs peres, non seulement au bastiment du corps, voire mesme quant aux mœurs & inclination tant acquiles que naturelles: & c'est à ce propos que disoit Horace en l'Ode 4. du liure 4.

Fortes creantur fortibus, & bonis
Est in iuuencis, est in equis patrum
Virtus, nec imbellem feroces
Progenerant Aquilas columbam:
Doctrina sed vim promouet insitam
Rectique cultus pectora roborant,
Vtrumque defecare mores,
Dedecorant bene nata culpæ.

Et Hesiode de mesme, *Pariunt autem mulieres liberos similes parentibus:* : mais aussi est-il vray que ceste cause n'est pas necessaire, pource qu'on voit souuent les enfans semblables à leurs peres: d'autres aussi grandement dissemblables, car assez ordinairement de bons peres naissent de mauuais enfans : & de mauuais d'autres tresbons, pourtant disoit Horace:

Ætas parentum peior auis
Tulit nos nequiores.
Mox daturos progeniem vitiosiorem.

Et à cecy regardoit Virgile au 4. de l'Eneide, feignāt qu'en la fuite d'Ænee, la miserable & infortunee Didon disoit ces paroles:

Luminibus tacitis, & sic accensa profatur.

Non tibi diua parens generis, nec Dardanus author,
Perfide; sed duris genuit te cautibus horrens
Caucasus, Hircanaque admorunt vbera tygres.

Ce qu'il semble auoir dit à l'imitation d'Homere,
lequel en l'Iliade 16. escrit ainsi :

Non eques ipse pater fueris tibi mehercule Peleus,
Non Thetis est genitrix, glaucum te peperit aquor,
Asperraque rupes, & mens tibi dura, feroxque est.

Et de là vient qu'ez siecles passez on a veu vn The-
mistocle trésbõ pere auoir engendré Cleophon meschant garnement: Pericles vn Patalus : Thucydide
vn Xantipus, Marc Aurele Commodus, Vespasian
Domitianus; Germanicus vn Neron : & le mesme
encores voyons nous en son contraire, sçauoir que
plusieurs bons enfants sont naiz de peres vicieux, &
de fort vile & basse estoffe. Euripide Poëte Tragique
fort celebre, nacquit d'vne mere iardiniere ; le pere
de Demosthene estoit coutelier:Pindare & Horace,
tous deux Poëtes Lyriques tres-fameux, naquirent
de peres qui estoient sonneurs de trompettes; & So-
crates qui sans parangon d'aucun autre, fut par l'O-
racle iugé tres-sage, eut pour pere vn Sophronisme
graueur,& Fenarita sage femme ; Ciceron & Caius
Marius, l'vn renommé par son eloquence, l'autre
pour auoir estè sept fois Consul, estoient d'vne fort
basse & vile extraction : Aussi Diocletian l'Empereur fut fils d'vn peletier,& mille autres que ie laisse
pour euiter prolixité:De maniere qu'il est vray que
biẽ souuét les mœurs nees auec nous,nous sont trás-
mises par heredité,& non point les autres:mais ie ne
parle point maintenãt de ces mœurs que nous dõne
nostre naissance , mais des estrangeres & acquises:
car à vray dire ce sont celles lesquelles s'acquierent

par

par la hantiſe des parens ou des compagnies, ou des
maiſtres, d'autant que telles mœurs & inclinations
peuuent eſtre bonnes ou mauuaiſes, & ſont comme
le fondement de la vie que doit mener l'homme, &
les cauſes du bien & du mal qu'il y peut receuoir,
ainſi que teſmoigne Plutarque par le dire d'Euripide, dans l'Hercule furieux au liure de l'education
des petits enfans.

Niſi fundamenta ſtirpis iacta ſint proba,
Miſeros neceſſe eſt eſſe deinceps poſteros.

Et c'eſt pourquoy on apporte tant d'induſtrie & de
diligence à trouuer des maiſtres qui enſeignent les
bánes mœurs. Les mœurs, comme enſeigne Ariſtote au 2. des Morales à Nicomachus ſon fils, ſont ſi-
gnes euidens du dedans du cœur, & ſont comme fe-
neſtres ou les portieres à la cognoiſſance de l'ame &
de l'entendement. Ce que nous demonſtre noſtre
Seigneur, parlant des mauuaiſes mœurs & depra-
uees des Phariſiens, en diſant *à fructibus eorum cognoſce-*
tis eos. Or les mœurs eſtant bonnes ou mauuaiſes; les
bonnes ſont marques d'vn homme de bien, les mauuaiſes d'vn meſchant & d'vn ſcelerat; entre ces deux
il n'y a aucun milieu; voyons donc quel iugement
l'on doit faire des Ciarlatans par la conſideration
de leurs mœurs.

Leurs mœurs & façons de faire ſont, d'eſtre vagabonds, viure dans les tauernes & cabarets,
eſtre baſteleurs, pariures, babillards, putaſſiers, iou-
eurs, & pour comble & couronne de toutes a-
ctions, menteurs, trompeurs, paſſefins, & à outran-
ce; reſte donc que comme tels ils ſoient exilez & bá-
nis de la ſocieté ciuile, indignes de loüange, mais
ſouillez de blaſme & d'infamie, ſelon ce que dit A-

riftote,que *à prauis moribus nemo laudatur* : & de là viēt
que la loy qui eft en terre comme vn rayon de la
diuinité,les declare infames *in leg.* 11. §. *fin.ff. de his qui
notantur infamia.* & en donne la caufe,parce qu'en public,pour vn gain deshōnefte,& par actions honteu-
fes,ils s'expofent à l'opprobre & à l'infamie. Les Ca-
noniftes ne les declarent pas feulement infames,
mais defendent & condamnent vn tel art, eftant
tel qu'il ne fe peut exercer fans peché mortel.*c.dona-*
*re,dift.*86.& partant à ceux qui l'exercent, eft defen-
due la Communion,*c.pro delectatione, de confecrat.dift.*2.
S.Thomas 2.2.dit que cet art eft pernicieux tant pour
ceux qui le mettent en practique qui pechent mortellement, que pour ceux qui l'efcoutent , pource
que non feulement ils pechent mortellement,mais
auffi mal à propos defpenfent leur argent pour achepter de leur baies:ainfi fouuent nuifans à la fanté de
leurs malades qui fe feruent de tels medicamens.
Mais de cecy nous en parlerons plus amplement en
fon lieu.

CHAP. V.
Des fraudes & impoftures des Ciarlatans.

SI aucune chofe pouuoit ou deuoit rēdre odieux
cet art des Ciarlatans,ces deux cy feroiét plus que
fuffifantes,le menfonge & la tromperie ; & d'autant
qu'au chapitre precedent,i'ay dit que le menfonge
eftoit la vraye marque des Ciarlatans , ie veux en
traicter icy plus amplement, & en fuite de fa propre
engeance qui eft la tromperie , pource que iamais
menfonge ne fut fans tromperie, ny tromperie fans
menfonge : Ayant donc cy deffus demonftré ce que
i'auois promis, fçauoir leur origine & leurs mœurs,

reſte le troiſieſme, qui eſt le menſonge & la tromperie, ou l'impoſture des Ciarlatans. Le menſonge à
mon iugement eſt vn vice ſi laid & ſi difforme, que
ie n'eſtime pas qu'vn homme en puiſſe commettre
vn plus deteſtable, tant pour l'infamie qu'il apporte
auec ſoy, comme ie diray cy apres, que pource que
l'homme menteur eſt hay d'vn chacun, & tenu pour
tres-meſchant homme. La raiſon eſt, qu'vn menteur
ne fait point eſtat de ſa parole, & celuy qui n'en fait
eſtat ne ſçait que c'eſt de l'honneur, & qui ne fait
conte d'honneur, eſt prompt & enclin à toute meſ-
chanceté. Le menſonge eſt donc vne marque & ſi-
gne infaillible d'vn eſprit qui ayſément ſe portera à
toute œuure meſchante; ce qui n'arriue point aux
autres vices, pource qu'vn luxurieux, encore eſt
il mieux conditionné, il eſt veritable, il ayme l'honneur; ainſi le colere & le gourmand, mais le ſeul méteur eſt comme la matiere premiere, laquelle comme elle reçoit toutes les formes, auſſi ceſtuy-cy treſ-
buche en toute ſorte d'enormité, & quant à moy
i'ay touſiours mis vn homme menteur au meſme
rang des putains, leſquelles abandonnant leur corps
n'eſtiment ny l'ame ny l'honneur, & ainſi n'y a choſe ſi infamante qu'vne putain & effrontee ne commette pour de l'argent: de meſme il n'y a rien ſi plein
d'opprobre qu'vn menteur n'entreprenne fort facilement : & tout ainſi que les putains par vn nom
plus hôneſte, ſe nomment Courtiſannes, ainſi crois-
ie que le menteur ſe peut appeller faux courtiſan:
car ainſi que pour faire vn vray & parfait courtiſan,
ſont requiſes quatre vertus principalles, la verité, la
religion, la charité, & l'humilité, de meſme à faire vn
mauuais courtiſan quatre vices ſont neceſſaires,

l’ambition, la flatterie, l’orgueil, & le menſon ge, qui eſt comme la couronne des autres.

Mais pour retourner à mon propos, pour cognoiſtre l’abomination du menſonge, i’examineray trois choſes, la premiere d’où il a tiré ſon origine: la ſeconde ce que c’eſt, la troiſieſme ſes laidures & deformitez. Quant à ſon origine on ne la peut ſçauoir qu’ayant recours a ſon contraire qui eſt la verité, laquelle comme elle procede de Dieu, ainſi le menſonge du diable: or que Dieu ſoit l’autheur de verité, c’eſt choſe ſi manifeſte que les Sybilles meſmes l’ont eſcrit, & l’Erithree diuinement en ces termes, *Non eſt mendax Spiritus Dei, nec eſt Deus quaſi homo vt mentiatur*: Et de meſme S. Iacques, *Eſt autem Deus verax, omnis autem homo mendax* : de ſorte que les Theologiens tiennent pour conſtant, que la verité ne conuient à aucun plus parfaitement qu’à Dieu : & c’eſt ce que le Philoſophe au premier liure des Poſterieures nous vouloit donner à cognoiſtre, quand en diſcourant des principes il leur aſſigne la verité pour vne condition neceſſaire. *Oportet* (inquit) *principia eſſe vera* : & qui ne ſçait que ſi Dieu n’eſtoit veritable, il ne ſeroit pas Dieu, puis que l’on ne croit pas au menſonge, & que l’on croit en Dieu, comme dit S. Paul: *oportet accedentem ad Deum credere* : à Dieu donc conuient la verité eſſentiellement. Or comme il eſt pere de toute verité, voire la verité meſme, auſſi le diable ſon contraire eſt pere du menſonge, comme l’a enſeigné noſtre Seigneur au 8. ch. ſelon S. Iean , quand parlant du diable, il a dit *Mendax & pater mendacij*. Quant à la definition du menſonge, Hugues de S. Victor au 1. liure des Sacremens part. 12. c 12. la nous donne fort doctement en diſant, que c’eſt vn arraiſonnement qui

n'a autre but que de tromper, *Mendacium est falsa vo-
cis significatio cum voluntate fallendi.* S. Augustin au liure
de la vraye religion dit la mesme chose; Que celuy
est menteur qui auec paroles afferme ce qui n'est
point, en intention de tromper ; d'où appert clairement que le mensonge se porte a la tromperie comme à son propre but, & l'engendre comme son cher
enfant : mais icy ne termine pas sa meschanceté,
pource que ou iamais, ou fort rarement, le mensonge ne vient qu'à l'escorte & comme en suite du par-
iure:& cecy n'est pas de moy, mais de Ciceron au 3.
de ses Offices, *Facilis* (inquit) *via ad periuria ex mendacio
sequitur*; ce qui fort à propos se recognoist en ce com-
mun prouerbe Italien , *Chiunque ad ogni parola hà il giu-
ramento, al securo è bugiardo & homo finto* : & partant i'ay
dit cy deuant qu'en l'homme ne peut tomber vn
vice plus grand , ny pire que cestuy cy; qui côme vn
hydre infernale, porte plusieurs testes, qui charmét,
enforcellent & fôt mourir le méteur; voicy l'exéple.
Seulemét àdire vn mésonge se cômet peché mor tel,
mais le proferer auec dessein de trôper son prochain,
alors se redouble le peché: mais de iurer Dieu, ou par
les choses sainctes & sacrees, ou appeller la Verité
mesme en tesmoignage d'vne infame mensonge, c'est
chose plus que diabolique. C'est pourquoy Platon
voulant monstrer la difformité du mensonge au liure
31 de la Republique, dial. 7. a dict, *Ipsum reuerâ mendacium omnes homines dijque oderunt.* Or que Dieu l'ait en
hayne il appert au 2. chap. de l'Exode, *Non loqueris contra proximum tuum falsum testimonium.* Qu'il soit encores
odieux aux hommes, Iob le dit au 27. chap. *Donec super-
est habitus in me, & Spiritus Dei in manibus meis, non loquen-
tur labia mea iniquitatem, & lingua mea non meditabitur mé-*

dacium. S. Paul aux Ephesiens chap. 4. *Deponentes men-*
dacium loquimini veritatem. Et Dauid poußé d'vne sain-
&ct;e cholere dit au psalme 5.v.6. *Perdes omnes qui loquun-*
tur mendacium. Voire mesme Aristote, quoy que Payé,
a eu le mensonge en si grande hayne, qu'escriuant à
son fils Nicomach au 4.des Ethiques, il dit, *Mendacium*
semper est improbum & vituperabile Il est vray que Platõ
au 3.liure des Loix a escrit qu'il estoit quelquefois
permis de dire vne mensonge, mais seulement à l'endroit des princes pour l'interest de leur Estat, ou pour
euiter quelque grand mal, comme en sa Republique
il le permet au Medecin pour consoler son malade.
Quant aux loix ciuiles, elles ont blasmé, deresté, &
defendu le mensonge, ordonnant que si quelqu'vn
profere vne mensonge pour quelque benefice qu'il
possede desia, il doiue estre priué non seulement de
ce benefice, mais aussi que si de ce mensonge s'ensuit
vne meschanceté, il doiue estre puny du iuge, cõme
afferment Theodosius & Valens en la l. *etsi legibus.§.si*
contra ius, vel vtile publ. l. 1. C. tit. 25. & Zeno l. fin. de diuers.
rescript. l. 1. C. tit. 26. Et c'est ce mensonge lequel em-
ployent les Ciarlatans, quand en plein theatre ils appellent en tesmoignage le nom de Dieu contre la verité, seulement pour vendre leurs drogues, iurans &
affermans que leur pretendue vertu est aussi certaine
& veritable que la Verité mesme; ainsi trompans &
abusãs leur prochain pour gagner vn miserable restõ.

Mais afin que chacun iuge que tous leurs menson-
ges aboutissent à la fraude & à l'imposture, ie veux
en produire quelques vns, lesquels suffiront pour in-
nnis autres que ie pourrois alleguer, & ce seront leurs
plus notables experiences, & qui tiennent ordinairement le peuple en admiration, esquelles si l'impostu-

re se recognoist euidemment, on pourra pareillemét
coniecturer par icelles de toutes les autres. André
Mattheole en son Commentaire sur le 6. l. de Dios-
coride les raconte, en disant que leur premier & plus
grand artifice est de manger du poison ; le second de
se faire mordre par animaux enuenimez, comme as-
pics & viperes ; l'vne & l'autre piperie est practiquee
en ceste ville de Paris au bout du pont neuf par Desiderio de Combes.

Or la tromperie se fait en ceste sorte: c'est que voulans aualler le poison comme Arsenic ou Realgar,
deux heures auparauant ils mangent grande quanti-
té de laictuës auec force huyle : & en hyuer ne pou-
uans auoir de laictuës, ils mangét tant de tripes grasses, que leur estomach en deuient enflé & tendu côme vn tambourin, & cela afin que ce poison auallé, ne
puisse percer & penetrer au dedans du corps, & ainsi
faire erosion, ou produire autres mauuaises qualitez,
selon le pouuoir de sa nature : ainsi donc l'estomach
estant desia plein de viandes & farcy de graisse , le
poison demeure sans vertu aucune, ne pouuant pas-
ser iusques au foye par les veines Mesaraïques, par
ce que ces viandes grasses & onctueuses ont desia
bouché & oppilé les conduits de ces veines, petites
& deliees comme des cheueux : ce qu'estant fait ils
auallent soudainement leur huyle, poudre, ou opiate:
& le peuple qui voit que ces gens ne meurent point
par ce poison , croit aussi tost que c'est par la vertu de ce medicament qu'ils extollent & vendent, &
non par les laictuës ou les tripes ; eux alors retirez en
leur logis, & se mettans a l'escart vomissent & reuo-
missent ces tripes auec le poison , & tout le iour ne
mangent rien sinon qu'ils boiuent & reboiuent du

laict pour vomir & reuomir : en ceste façon ils se mocquent du peuple ignorant , & luy vuident sa bourse.

L'autre tromperie des Ciarlatans est qu'vne heure ou deux deuant que monter sur leurs theatres, ils vôt en la boutique de l'Apoticaire plus proche de leur theatre, & s'estans fait monstrer de l'Arsenic en choisissent trois ou quatre pieces, & disent à l'Apoticaire qu'il les leur enuoye quand ils l'enuoyeront querir : ainsi estans là occupez à leur caquet, loüant & exaltant leur medicament comme vn excellent contrepoison, ils enuoient leur seruiteur ou quelqu'vn des assistans à la boutique de l'Apoticaire pour apporter le poison desia choisi : cependant sur leur theatre à la veuë du peuple, ces trompeurs ayant appresté & disposé quelques pieces de sucre candis dans les couuercles de leur boëte, artistement agencez, les prennent & les exposant en veuë de tous les assistãs, puis apres les mangent, & ce sucre candis estant fort semblable à l'Arsenic, ce peuple croit aussi tost que ce qu'ils auallent soit le vray Arsenic, deceus par la resemblance : alors & aussi tost ces pipeurs auallent leur pretendu contrepoison auec admiration & estonnement des spectateurs, qui ne manquent incontinent de ietter à la foule leur argent auec le mouchoir ou le gand, lors en ayant receu en abondance & suffisamment, ils se tirent derriere la tapisserie, se moquans & s'esclatãt de rire de l'ignorance & stupidité du pauure peuple, qui croit encores en auoir bõ marché, si sur la fin on luy donne quelque petite farce ioyeuse, mais c'est chose moult plaisante à voir, que ces gens cy ayant donné à l'vn de leurs seruiteurs à manger de ce sucre candis au lieu d'Arsenic, ils les instruisent par

apres à tourner gétimét les yeux en la teſte,ſe tordre
le col,tirer la langue d'vn pied de lõg,& retenãt leur
haleine ſe chãger la couleur du viſage,rougir, paſlir,
puis leur lier les bras fort ſerré pour empeſcher le
poux & le battement des arteres, ce qui leur defigu-
re grandement le viſage, & en ceſte ſorte les mon-
ſtrét au peuple,qui crieroit à l'homicide, ſi le ſuppoſé
medicament leur eſtant donné ils ne reuenoient auſſi-toſt ſains & gaillards : Et c'eſt alors que le peuple
ſe romp le col pour auoir de ce medicament,non cõme venu ou vendu par Ciarlatans , mais comme deſ-
cẽdu du ciel. Il me ſouuient d'auoir leu vne fois d'vn
qui ayant ſemblablement baillé à ſon valet du poiſon ſophiſtiqué, & faiſant ſemblant ne luy vouloir
donner aucun remede iuſques à ce qu'il euſt perdu
le poux, & qu'il fuſt en grand danger de mort pour
mieux vendre ſa theriaque, ayant auſſi inſtruit ledit
valet à contrefaire les ſuſdits accidens, il pria vn **Me-**
decin là preſent de toucher le poux de ſon ſeruiteur,
afin qu'il teſtifiaſt deuant tous ce garçon auoir perdu
le poux : à quoy s'accordant ce bon homme de **Me-**
decin, ſeruant au badinage du triacleur ſans y penſer,dit haut & cler qu'il n'auoit trouué aucun poux
en ce valet,mais il n'auoit encores leu que par artifice on peut arreſter le poux des arteres, combien que
Galien l'ayt eſcrit au l.6.des Preceptes d'Hypocrate
& de Platõ.On voit le meſme és arteres leſquelles ny
plus ny moins que les nerfs ou couppés , ou ſerrés
par liens, ne battent & ne treſſaillent plus. De là il
pouuoit penſer qu'on pouuoit auoir lié les bras à ce
valet, & par ce moyen empeſché le battement des
arteres diſpoſees du long du bras iuſques aux mains,
car ces trompeurs accommodent ſi finement les

E

liens pour ferrer,qu'en tournant vne boulette de fer
cachee hors de la manche au deſſus du coude, ils les
ferrent fort,& les laſchent quand ils veulent; ce qui
ſe pouuoit ayſément faire par celuy qui ſouſtenoit
par les bras ſon valet, faiſant ſemblant d'eſtre à de-
my mort pour en faire vn ſpectacle au peuple. Par
telle ruſe donc les liens ſe ſerroient quand il vouloit
empeſcher le battement des arteres à ſon valet, & ſe
laſchoient peu à peu, quand ce fin valet apres auoir
pris de la theriaque faiſoit ſemblant de recouurer
peu à peu ſa premiere ſanté. Ce ſont les tromperies
que font ces bourreaux, leſquelles i'ay voulu decla-
rer au long, afin que chacun les ſçache & puiſſe euiter: leſquelles Mattheole en ſon Commentaire ſur
le 6. liure de Dioſcoride, teſmoigne auoir appriſes
par l'vn des plus grands maiſtres de tous ceux qui
faiſoient lors profeſſion de manger du poiſon ſans
aucun dommage, qui les luy auoit deſcouuertes
pour recompenſe de ce qu'il l'auoit guery de la groſ-
ſe verolle qui l'auoit mangé iuſques aux os. Or Galien fait auſſi mention de certains Ciarlatans, leſquels en ſon temps auec beaucoup de ruſe & d'artifice beſſloient le monde, au liure de la Theriaque à
Piſon, & dit que c'eſtoient certains peuples d'Italie,
nommez Marſes, & i'eſtime que ce ſont les Abruz-
zes leſquels non pour aucune vertu naturelle qu'ils
euſſent de reſiſter aux venins,ſe faiſoient mordre par
des ſerpens, mais par fraude & tromperie plaiſante,
leurroient ceux qui y auoient trop de fiance. De
ceux cy nous en parlerons au chapitre ſuiuant.

CHAP. VI.

Des tromperies dont vsoient les Ciarlatans au temps de Galien.

ILs auoient couſtume de ſe faire mordre par des ſerpens enuenimez, il eſt donc auſſi vrayſemblable qu'ils deuoient vendre quelque medicament qui fuſt ſelon leur dire ſouuerain & excellent contre telles morſures. Ces gens cy auoiēt deux ſortes d'artifice pour ſeduire le peuple: le premier de manier les ſerpens; le ſecond de ſe faire mordre, l'vn & l'autre practiqué à Paris par Deſiderio de Combes. Pour les manier dextrement ils auoient de couſtume de ſe frotter les mains auec leur onguent compoſé du ſuc de ſerpentaire, ſuc de racines d'Aſphodeles, fueilles de Sauinier, graine de Genieure, ceruelle de lieure, & d'huyle de graine de refort ſauuage, lequel onguent eſt tres-propre pour ſe defendre de la morſure des ſerpens veneneux, & pour plus grande precaution peut eſtre qu'à l'heure meſme ſur leur theatre ils ſe frottoient les mains de ceſte mixtion en maniant ces animaux, leſquels eſtourdis de la vertu du liniment, deuenoient inhabiles & incapables de mordre: mais pour plus grande aſſeurance, ils attendent d'aller en queſtel, & principalement des viperes & aſpics au fort de l'hyuer, lors qu'accablez du froid, ils ſont moins propres à mordre qu'au temps d'eſté.

L'autre artifice duquel ils ſe ſeruent pour ſe faire mordre, comme recite le meſme Galien, eſt qu'en accouſtumant ces ſerpens à mordre ſur vne piece de chair qu'ils leur preſentent, ils la leur font mordre tãt

& tant de fois,qu'en fin ils en perdent leur vray &
naturel poison,ce qui leur succede merueilleusemēt
bien , car cependant que ce serpent mord il vuide &
descharge ordinairement comme auec rage son poison sur la chose morduë, tachant de l'offenser comme par ses propres armes offensiues , de sorte que
leur ayant en ceste façon tiré hors le venin,& les
ayant appriuoisez à leur volonté, ils se font mordre
en pleine place , tantost la langue , tantost les mam-
melles,autres auec paste empastent les dents des viperes, & ainsi le poison attaché à leur palais ne peut
percer ny penetrer dans la partie:autres auec artifice
leur cassent ou arrachent les dents:autres coupent a-
uec des ciseaux certaines petites vessies ou bourset-
tes, à la racine des dents esquelles est contenu ce ve-
nin:Apres lesquels artifices maniant & remaniant,
& ce faisant piquer à ces animaux, ces gens prennēt
aussi tost leur pretendu antidote , & font croire au
peuple que c'est par sa vertu qu'ils sont exempts de
tout mal: Ces ruses & fourberies sont passees du
temps de Galien iusques au nostre, auquel ces Ciarlatans auec tant de bon-heur triomphent de nostre
simplicité, ainsi que fait en ceste ville Desiderio de
Combes : & ie voudrois que l'on fist en son endroit
ce qu'autrefois i'ay veu à l'endroit d'vn autre pour
descouurir l'imposture: Vn Apoticaire fut comman-
dé par l'vn des Magistrats de porter à vn Ciarlatan
vne piece de sublimé,parce qu'il se vantoit d'en mã-
ger: & à vn autre qui se faisoit mordre par des serpens,luy fit porter vne vipere, mais cest imposteur se
garda bien de toucher ny au sublimé, ny à la vipere,
tesmoignage euident que ce sublimé qu'ils mangent
est sophistiqué, & que leurs viperes sont sans venin:

encores seroit ce peu s'ils se contentoient de ces trõ-
peries, mais qui pis est parmy telles fourbes ils mé-
lent le nom des Sainꝗs, car il y en a de si effrontez &
temeraires que d'oser en place publique se dire des-
cendus de la lignee de S. Paul, ce que tesmoigne André Mattheole en son Commentaire sur le 6. de
Dioscor. chap. 40. en disant que c'est vn pur menion-
ge, & que tels venoient de la Pouille, natifs de la ville
de Leccia, ou des enuirons, & qu'ils pouuoient estre
yssus des Marses qui estoient du temps de Galien,
certains Ciarlatans, lesquels par le tesmoignage de
Pline, tirerent leur origine de Marsus, fils de Circe,
fameuse Magicienne, laquelle au mont Circeus pres
de Gaete, changea fabuleusement les Grecs tant re-
nommez en plantes & en bestes, & laquelle ayant
en ce mesme pays demeuré long temps, il est vray-
semblable que ces imposteurs ont appris de l'vn ou
de l'autre cet onguent qui les garentit de la morsure
des serpens: & de fait le mesme Mattheole rapporte
auoir trouué vn onguent dans le Poëte Nicandre,
duquel ceux qui sont oincꝗs, ne peuuent estre mor-
dus des serpens ou offensez des bestes venimeuses,
sa composition est recitee par le mesme Mattheole.
Pour retourner donc à mon propos, tout ce que ia-
sent ces presompteux, n'est que fraude & mensonge,
ne leur suffisant pas d'vser de tant de bauarderies, &
de faux sermens, si encores ils ne faisoient seruir le
nom de S. Paul comme d'vn ruffien à leur meschan-
cetez, se disans parens d'vn Sainꝗt, d'vn si grand A-
postre, auant sa conuersion, citoyen de Tarse, Gen-
tilhomme Romain. Apres sa conuersion la langue &
l'interprete du sainꝗt Esprit, & qui pourroit tenir le
rang d'vn cinquiesme Euãgeliste? ie ne nie pas pour

tant que la terre de Malte, n'ayt quelque souueraine vertu contre les poisons, pour le miracle arriué en la personne de S. Paul, lequel abordé en vne isle par la tempeste de la mer, mené prisonnier à Rome sous l'Empire de Neron, comme il recueilloit des sarmens de vigne pour se chauffer, fut mordu d'vne vipere, mais la secoüant au feu il n'en fut aucunement offensé, dont les habitans de l'isle fort estonnez le croyoient vn Dieu: & de là vient que l'on croit ceste terre auoir quelque vertu contre les bestes veneneuses; & qu'en ceste isle ne se trouuent point de serpens ou autres animaux qui portent poison : mais ie maintiens que ces Ciarlatans vendent d'autre terre semblable à celle-cy, & souuent quelque piece de chaux au detriment du peuple, lequel picqué d'vn serpent, croyant trouuer secours en ceste pretenduë terre de S. Paul, il l'employe, & n'en receuant aucun soulagement, ne se pourroit pourtant par d'autres remedes: ainsi demeure sans argent qu'il a mal employé, & souuent priué de la vie. A cest erreur le grãd maistre de Malthe pourroit facilement remedier à la façon du grand Turc, lequel en ses terres fait sceeler de son sceau le bol Armene & la Terre Sigillee, tant pour donner asseurance qu'elles sont les vrayes, que pour oster les moyens de les falsifier & sophistiquer.

Ce sont là les principales fourbes & tromperies des Ciarlatans de nostre temps, desquelles on peut aysément conclure de toutes les autres, lesquelles ayant pour couronne le mensonge, & cestuy-cy aboutissant à la fraude, & n'estant iamais menteur qui ne fut larron, ny larron qui ne fut menteur, que chacun pense quelle vertu ou verité peut estre aux choses qu'ils vendent.

Il seroit donc bien à propos que monsieur le Lieu-
tenant ciuil bannist ceste sorte de gens de la ville de
Paris, qui sucent le sang & la substance du pauure
peuple, luy tirant l argent des mains, lequel ils gaignent auec tant de peine, & qui seroit le soustien de
leurs pauures familles: puis ces gens enrichis de leurs
despouilles s'en mocquent & en triomphent en nos
presences, vestus de leurs riches & superbes veste-
mens. Et que cecy soit grandement considerable, il
appert en ce que nous auons cogneu vn nommé
Denys l'Escot qui se vantoit qu'en dix ans qu'il faisoit le mestier de Ciarlatan, il auoit gaigné cinquante
mil escus, & chacun voit ce que gaignent à Paris
Tabarin & Mondor, aussi faut-il que leurs gains
soient grands pour nourrir tant de bouches, pour
mener auec eux leur attirail, violons, basteleurs,
Gratians, femmes, enfans, seruiteurs & seruantes: Et
comme il seroit tres-expedient de les bannir pour le
bien & vtilité du pauure, ioint aussi que leurs remedes ont plus fait de mal que de bien, comme ie m'en
suis enquis de plusieurs. & ie prens à tesmoins ceux
qui les ont employez, aussi seroit-ce chose tres-sain-
te de les congedier pour oster la cause & le pretexte
de commettre tant de pechez mortels, perpetrez
comme par ces Ciarlatans, aussi par vn millier d'es-
coutans qui leur assistent, & c'est dequoy ie propose
traitter au chapitre suiuant.

CHAP. VII.

De l'erreur qui se commet à escouter les Ciarlatans.

CE n'est pas mon intétion de discourir de l'erreur
que commet le peuple en escoutant les Ciarlatans, sinon entant qu'il est grandement preiudicia-

ble aux malades : & que leur donner audience eſt la
cauſe principale que l'on achepte leurs medicamens
pleins de dol & de tromperie , tant s'en faut qu'ils
apportent quelque vtilité , mais pluſtoſt dommage,
& ce en deux façons : Premierement parce qu'ils ne
font point les effects qu'ils promettent,& ne le peuuent,comme i'ay monſtré cy deſſus: en ſecond lieu,
parce qu'en attendant leur operation & leur effect,
on perd l'occaſion de ſe ſeruir d'autres remedes pour
le ſoulagement de la maladie. N'eſcouter donc pas
leur babil & leurs ſornettes,c'eſt fuir de croire à leurs
menſonges , & par conſequent euiter l'occaſion d'a-
chepter de leurs drogues. Mais d'autant que ie ne
croy pas qu'il ſe puiſle trouuer vne raiſon plus forte
& plus puiſſante pour en deſtourner l'homme Chre-
ſtien , que de dire qu'on ne peut les eſcouter ſans
ſcrupule de peché mortel , ie me ſuis reſolu de l'eſ-
clarcir en ce chapitre:& pour en parler auec ordre &
fondement,ie me ſeruiray de ce qu'apporte à ce propos S.Thomas en la 22.queſtion 169. art. 2. où il re-
cherche ſi parmy les jeux il ſe peut trouuer quelque
choſe de vertueux : & là pour trouuer quelque belle
diſtinction à l'eſclairciſſemét de ceſte matiere il pro-
duit,& admirablement ſelon ſa couſtume , vn fleuue
de Philoſophie,duquel ie me ſeruiray, diſant en ceſte
ſorte. Les actions des Ciarlatans ont deux parties,
ſçauoir la fin & les moyens tendans à ceſte fin : la fin
eſt de vendre leur drogue: les moyens ſont outre les
menſonges , les farces & comedies repreſentees par
des baſteleurs: I'ay deſia dit cy deſſus que leur fin eſt
tres-meſchante,couſuë de mille bauarderies , & tiſ-
ſuë d'autant d'impoſtures;les moyens, qui ſont leurs
Jeux & comedies , voyons de quelle nature ils ſont:

S.

S. Thomas au lieu fus allegué , conclud que les jeux
dés theatres font non feulement conuenables , mais
neceffaires à l'homme, par le tefmoignage de S. Au-
guftin au l. 2. de la Mufique , & par celuy d'Ariftote
au 10. l. de l'Ethique, chap. 5. où il conftituë és jeux cefte vertu que nous appellons Eutrapelie , laquelle
n'eft autre chofe qu'vne certaine ioyeufeté qui fe fét
à l'ouye des paroles, ou fentences plaifantes, des bós
mots ou faceties : & la raifon par laquelle il demon-
ftre que tels jeux font neceffaires à l'homme eft tres-
belle, c'eft que l'homme eftant compofé d'ame & de
corps, & comme ces deux fubftances font finies &
bornees, auffi leur vigueur & vertu eft pareillement
finie & limitee , & pour cefte raifon ne peut peiner
ou trauailer inceffamment, mais a befoin de quelque
repos : & d'autant que ces trauaux & ces fatigues font
de deux fortes felon la difference de leurs parties, fçauoir les vnes corporelles , les autres fpirituelles ; les
corporelles confiftent aux exercices du corps , les
fpirituelles aux contemplations & meditations de
l'ame : c'eft pourquoy le corps a befoin de repos , qui
eft de fe departir du trauail : & l'ame quant à elle, en
aura auffi befoin. Mais d'autant que le repos de l'a-
me c'eft la delectation , & que les jeux des theatres
apportent admirablement cefte delectation. Pour
cefte raifon ces jeux font neceffaires à l'homme, quád
par iceux il iouit de l'vn & de l'autre repos ; du repos
du corps , parce qu'eftant là prefent il ne trauaille
point : de celuy de l'ame , parce que dans ces jeux il
reçoit du plaifir : & à bon droit Caton difoit :

Interpone tuis interdum gaudia curis,
Vt quemuis animo poßis perferre laborem.

Pour cefte raifon Dieu commáda à fon peuple le re-

pos du iour du Sabbat pour reſtaurer le corps, & l'a-
me , pareillement par le cult & l'obſeruance des ſa-
crees ceremonies : & pour le meſme regard de ce
double repos, les Gentils inſtituerent leurs jeux O-
lympiques, les ſeculiers, & autres , deſquels cy deſſus nous auons ſuffiſamment parlé : Auſſi voyons
nous par experience que ceux qui s'attachent trop
aux exercices tant du corps que de l'ame, ou ne viuét
pas longuement, ou deuiennent aſſez ordinairemét
fols: c'eſt pour cela qu'Ariſtote au 4. de l'Ethique, dit
que dás l'humaine cóuerſation on iouyt de quelque
repos parmy les jeux : & S. Thomas a ce propos raconte vn gentil exemple de S. Iean l'Euangeliſte : Ce
ſainᶜt perſonnage joüant vn iour auec ſes diſciples,
il fut apperceu d'vn autre diſciple qui s'en ſcandali-
ſa, ce qu'eſtant bien recogneu par S. Iean , il pria l'vn
des compagnons de celuy qui s'en ſcandaliſoit , &
qui portoit vn arc & des fleſches , que de grace & de
courtoiſie il vouluſt tirer quelques fleſches à vn but
qu'il luy monſtroit : ceſtuy cy fut prompt à obeir;
mais en ayant decoché vn grand nombre, il ſe repo-
ſa, & S. Iean luy ayant demandé pourquoy il ſe repo-
ſoit, il luy reſpondit que s'il vouloit continuer à ban-
der l'arc tant de fois, que ſans doute il le romperoit:
auſſi-toſt repartit S. Iean , diſant que le ſemblable
auſſi arriueroit à la nature humaine, laquelle ſi nous
voulions tenir aſſeruie en vne affliction ou medita-
tion perpetuelle , ſans luy donner quelque recreation ou honneſte plaiſir , ſans doute elle ſe deſtrui-
roit. A ce propos ie me ſouuiens d'auoir leu dans
Elian au l. 10. *De varia hiſtoria* , que Hercule apres la
ſueur des combats , prenoit plaiſir de ioüer auec les
petits enfans. Que Socrate fut trouué par Alcbia-
des, s'eſbatant auec vn ieune enfant nommé Lam-

proche:Et de plus que le Roy Agesilaus cheuauchoit
vn roseau pour faire compagnie à vn sien fils qui l'a-
uoit induit à ce faire,& s'estant retourné vers vn qui
s'en mocquoit, luy dit : Tais toy, quand tu auras des
enfans tu iugeras de ce que ie fais. Il est donc suffisamment manifeste que pour la fragilité de nostre
nature la recreation des jeux est necessaire ; c'est
pourquoy ont esté inuentez tant de jeux & de si dif-
ferentes sortes, lesquels i'açoit qu'instituez à bonne
fin, l'abus neantmoins,& le diable pere de l'abus les
a conuertis en vices, estant veritable qu'infinis jeux
se font, non pour recreation & esbatement, mais
pour quelque defaut,ou pour l'auarice, causant bien
souuent la perte des biens & de l'ame. Or pour retourner à mon propos: le ieu est necessaire à l'homme pour delecter l'esprit & le corps, mais d'autant
que l'homme doit regler ses actions par la raison, la
meilleure partie estant raisonnable,& dont Aristote
rend la cause au l.4. des Morales ch. 8. disant que si
l'action humaine est compassee par la raison, elle
naist & procede d'vne habitude ou principe de la
vertu morale:Aussi les jeux esquels l'homme prend
son plaisir,doiuent estre conduits & reglez par la raison,& comme dit S.Thomas au liure preallegué, ils
doiuent auoir trois conditions:la premiere qu'en tels
jeux il ne se profere aucune parole salle ou deshon-
neste: la seconde qu'il ne s'y commette point d'a-
ctions illicites:la troisiesme qu'ils se facent à propos,
en temps & lieu.La premiere condition se tire de Ciceron, qui diuise le ieu en celuy qui est honneste &
liberal,& en celuy qui est lascif & meschant : le premier est necessaire à l'homme,l'autre est mal seant &
peu conuenable : la seconde condition se tire de S.

Ambroife, lequel au liure de fon Courtifan Catholi-
que, efcrit ainfi: *Caueamus ne dum relaxare animum volu-
mus, foluamus omnem harmoniam quafi concentum quemdam
bonorum operum*: Et partant Ciceron au liure des Offices, dit à ce propos: *Sicut pueris non omnem licentiam da-
mus, fed eam quæ ab honeftis actionibus non eft aliena*: la troifiefme condition fe tire du mefme Ciceron dans fes
Offices, où il enfeigne quand & comment fe doit re-
creer l'efprit au ieu, en difant, *Ludo & ioco vti licet ficut
fomno & quiete*: c'eft à dire que comme dormir toufiours & eftre en oyfiueté, nuiroit grandement à
l'homme, pour eftre l'oyfiueté propre à eneruer le
plus fort & genereux Athlete: auffi iouer, gaudir, &
railler inceffamment, eft fort meffeant à l'homme
qui regle fes actions au niueau de la raifon, & par
ainfi les ieux fe doiuent faire en temps oportun.

Or de cefte excellente doctrine de S. Thomas, naift
cefte tres-belle diftinction, qui enfeigne fi s'arrefter
& prendre plaifir à efcouter les Ciarlatans, eft peché
mortel, ou non, de laquelle nous traicterons au chapitre fuiuant.

CHAPITRE VIII.

*Qui enfeigne par le tefmoignage de S. Thomas que
l'on ne peut efcouter les Ciarlatans fans fcru-
pule de peché mortel.*

DEs enfeignemens donnez au chapitre precedét
fe puife cefte tres-belle diftinction: les ieux des
theatres ou de quelque forte que ce foit, font de
deux fortes: les vns font honneftes, les autres deshô-
neftes: les vns vertueux, les autres vitieux, aucuns di-
gnes de loüange, les autres de blafme: les honneftes
& vertueux, & qui font loüables, font ceux qui ont
les fufdites conditions propofees au chapitre prece-

dent:les deshonneſtes, vitieux, & blaſmables, ſont
ceux qui contiennent des paroles ſales, actions mal
honneſtes, & qui ſe font hors temps & ſaiſon: Mais
les ieux des Ciarlatans d'auiourd'huy ont en ſoy les
trois ſuſdites mauuaiſes conditions, & n'ont aucune
des bonnes, ils ſont donc vitieux, illicites & deshō-
neſtes. Mais qui plus eſt S. Thomas en la 22. queſtion
168. art. enſeigne que l'homme qui aſſiſte à tels ieux
qui n'ont les trois ſuſdites bonnes conditions, peche
mortellement. Or chacun ſçait que ceux des Ciarlatans ne les ont en façon quelconque; reſte donc qu'é
y aſſiſtant l'on y commette certainement vn peché
mortel. A ces raiſons i'en adiouſteray vne autre : Si
d'aſſiſter aux ieux illicites & vitieux, il y a ſcrupule
de peché mortel, à plus forte raiſon d'eſtre preſent à
ceux où il y va de l'intereſt de l'honneur de Dieu, &
du dommage du prochain : mais aux ieux des Ciarlatans ſe trouue l'vn & l'autre intereſt, tant pour les
pariures & faux ſermens, que pour ce que, comme
i'ay dit cy deſſus, le menſonge eſt celuy qui comble
& couronne toutes les plus nobles actions de telles
gens; mais encore y va le dommage du prochain,
puis que la fin du Ciarlatan termine & aboutit dans
la tromperie : c'eſt donc par toutes raiſons encourir
peché mortel de leur donner audience, voire d'autãt
plus grand qu'auec voſtre preſence, encores achetez
vous ſouuent de leurs drogues, non que peut eſtre
vous croyez, ou ayez intention de vous en ſeruir,
mais ſeulement pour leur donner courage de continuer leurs bouffonneries : & partant S. Auguſtin au
10. traicté ſur S. Iean dit clairement, *dare res ſuas biſtrio-*
nibus vitium eſt immane, par ceſte reigle, *Qui cauſam dam-*
ni dat, damnum dediſſe videtur : Que s'ils voyoient n'a-

uoir point celle belle audience & affiftance , fans
doute qu'ils deuiendroient plus fages : & s'il ne fe
trouuoit tant de fols qui creuffent à leurs menfón-
ges,& ouuriffent leurs bourfes , ils fe refoudroient de
faire vn autre meftier.Ie ne nie pas , que fi le Ciarlatan parmy fes comedies apportoit l'honnefteté , &
qu'en fes faits & paroles il euitaft le menfonge & la
tromperie , en ne fe point meflant de la medecine,
que l'on ne peuft l'efcouter , mefme ie confeffe que
ces ieux feroient vertueux,& que pour y prendre recreation l'on pourroit y donner audience fans aucun peché , voire mefme ils receuroient beaucoup
d'vtilité & de profit,en vendant des fauonettes, pomades,petits portraits,anneaux pour la crampe , petites hiftoires,poudre à blanchir les dents,pafte pour
les cors,parfûs, & femblables gentilleffes; mais affi-
fter à la plufpart de ceux d'auiourd'huy , qui n'ont
autre vifee parmy leurs paffetemps que de tromper,
autres preuues que fe pariurer, autre foin que de def-
rober,c'eft vn tres-grand peché , & toutefois ce pauure peuple fe rompt le col pour y courir, commettát
en cefte façon trois lourdes fautes ; La premiere de
perdre fon ame par le peché ; la feconde d'achepter
leurs drogues comme ayant quelque vertu , & qui
toutesfois n'en ont point ; la troifiefme de prendre
remede de ceux lefquels fans donner foulagement
font perdre l'occafion d'auoir recours à de meilleurs,
& ainfi fouuent le malade ou meurt ou demeure
eftropié.Mais,me dira quelqu'vn,ie les efcoute pour
ce qu'encores ie voy plufieurs doctes & graues perfonnages achepter de leurs remedes, & faifant comme eux,ie croy ne point faillir. Ie refpons que telle
raifon n'eft pas vallable: Premierement parce qu'on

doit touſiours prendre exemple & imiter les plus gẽs
de bien. Que ſi nous voyons quelquesfois des gens
ſçauans & d'vne condition releuee, aſſiſter à leurs
comedies, il s'en trouuera d'autres, voire trois fois autant, & gens lettrez qui n'y vont pas. Imite donc en
cecy pluſtoſt les vns que les autres. Que ſi tu voyois
quelque docte & ſçauant homme ſe ietter par vne
feneſtre, voudrois-tu pource qu'il eſt tel, auſſi faire le
ſemblable? non certainement, ceſte raiſon donc tiree
de l'imitation ne vaut rien ; outre que ſi vn qui eſt
plus que toy , veut faire largeſſe de ſon argent, ce
n'eſt pas à dire que pour cela, s'il achepte de leurs
bagatelles, tu doiues auſſi y employer le bien, & pour
eux ſouſtraire le pain de ta pauure famille: mais pen-
ſe-tu qu'il y ayt aucun homme docte ou d'entendement, qui ſe plaiſe à ouyr des menſonges , & voir les
manifeſtes tromperies commiſes enuers ſon prochain ? Or quand ils preſchent à bouche ouuerte &
plein goſier, que leurs medicamens gueriſſent en vn
moment toutes ſortes de maux, qu'eſt-ce autre choſe que mentir impudemment, & tendre des pieges
aux ſimples par ſi frauduleuſes impoſtures? Et quand
ils afferment que dans les ſuſdits medicamens ils ont
meſlé des racines cueillies dans le mont Caucaſe, ou
mont Ripheen, auec quelque ſuc apporté nouuelle-
ment de l'Arabie heureuſe, ou d'vne graine cueillie
dans les iſles perduës, voire meſme qu'il y entre de la
graiſſe du Phœnix , vn homme de cœur & de courage, vn homme ſçauant pourra-il demeurer conſtant,
& ne s'enfuir pas? & ne leur pas cracher au viſage?

Mais pour mettre fin à ce diſcours par vne curioſi-
té non commune , icy me dira le lecteur, qu'ayant
eſté faicte mention du Phœnix, il deſire ſçauoir ſi ve-

ritablement il se trouue, & si son renouuellement &
comme sa resurrection se publiee parmy le monde
est veritable? Ie luy respondray pour closture de ce
discours, & en diray trois choses, sçauoir si le Phœnix
est; combien il vit: & comment il naist, priant le lecteur en premier lieu qu'il m'excuse en ceste digression, & qu'il pardonne à la curiosité du subiect, voire
mesmes ie recognois que ce mestier des Ciarlatans
est si attrayant & si babillard, qu'il s'attache mesme
à moy, qui en escris les imperfections, me faisant cō-
me participant de son caquet & de son babil , c'est
pourquoy i'appelleray à bon droit ceste digression
discours babillard, non pas qu'il ne contienne verité, mais pource qu'il est plus curieux que necessaire.

Or combien que Torquato Tasso dans son Monde
creé, ayt plus que diuinement escrit du Phœnix , neantmoins la difference de la ritme d'auec la prose,
fera aussi mon discours different du sien.

Qu'il y ayt vn Phœnix , tous les autheurs qui en
ont escrit le tiennent pour constant , voire mesme
tous sont d'accord qu'il est vnique en tout le mōde,
plus beau que le Paon, de la grandeur de l'Aigle, de
couleur d'escarlate, mais l'entour de son col de couleur d'or , la queue de couleur d'eau marine , auec
quelque plumage rouge qui la diuersifie , ayant sur
sa teste vn beau pennache , ainsi que la creste d'vne
poule Padouane, & de tres-belles couleurs: Ce Phœnix prend sa naissance, & vit seulement dans l'Arabie heureuse, & iamais aucun ne l'a veu manger : &
c'est l'vnique oyseau au monde, lequel approchant
de sa vieillesse , par vn instinct de nature recueille &
ramasse maintes pieces de Cinnamome & des ra-
meaux d'encens, & en fait comme vn nid, le remplis-
sant

sant d'odeurs tres-precieuses, puis s'estant dessus estendu se meurt, lors apres vn espace de temps des os d'iceluy se forme vn petit vermisseau, lequel finalement deuient petit oyseau semblable au Phœnix defunct, puis deuenu grand il porte tout ce nid pres la Panchaïe en la ville du Soleil, le posant sur son autel. De ceste histoire plusieurs Saincts Peres & sçauans personnages ont puisé vne raison, par laquelle ils prouuent que la resurrection des morts n'est point impossible en la nature, comme S. Cyrille en la 18. Catechese, S. Ambroise au l. 5. de l'Exameron au ch. 23. & Tertullien en son liure de la Resurrection de la chair : Et d'autant que ses parolles sont tres-belles, il ne sera hors de propos de les coucher icy: *Accipe huius resurrectionis plenissimum atque firmissimum huius spei specimen, siquidem animalis est res & vitæ obnoxia & morti, illic dico alitem, Orientis peculiarem, de singularitate famosum, de posteritate monstruosum, qui semetipsum lubenter funerans renouat, natali fine decedens, atque succedens iterum Phœnix; vbi iam nemo, iterum ipse; qui nõ iam, alius idem.* Et combien que Pline au 10. l. de l'histoire naturelle ch. 2. ayt peine à croire qu'il y ayt vn Phœnix au monde, en disant, *haud scio an fabulosum*, neantmoins tant de si fameux escriuains voulans prouuer la resurrection des corps tant difficile à la nature, n'auroient pas pris pour fondement vne fable ou chose feinte. Ceste verité est donc certaine ; outre que les Portugais & les Espagnols en leurs nauigations, rapportét auoir veu de semblables oyseaux. Et le Preteian grand Empereur en Ethiopie, en vne sienne lettre escrite à Leon X. souuerain Pôtife, si ie ne m'abuse, afferme que dãs ses terres vit le Phœnix : & Philostrate en la vie d'Apollonius Thianeus au l. 3. asseure qu'il y a vn Phœ,

G

nix, comme auſſi Nicephore Caliſte au l. 9. de l'hiſtoire Euangelique ch. 19. Herodote au l. 2. Solinus ch. 48. Tacite au l. 5. de ſes Annales, Suidas, & Appian:mais Genebrard au l. 3. de ſa Chronogr. raconte qu'au temps de Claudius Cæſar Empereur, 800. ans apres la ville baſtie, l'annee du Conſulat de Q. Panutius, & de Sextus Papirius, fut porté de l'Egypte à Rome vn Phœnix viuant, mis & expoſé à la veuë des Comices publics. Cet oyſeau vit 660. ans, côme teſmoigne Manili⁹ rapporté par Pline, mais Solin veut qu'il viue 540. ans. Pomponius Mela dit que ſa vie ne paſſe point 500. ans, mais quoy qu'il en ſoit, c'eſt choſe claire qu'il doit viure long temps, puis que tous les autheurs conteſtent au deſſus de 500. ans: Mais la difficulté eſt plus grande de ſçauoir s'il prend ſeulement ſa naiſſance des os du Phœnix defunct, parce que ſi ainſi eſtoit, il s'enſuiuroit que de celuy qui mourut à Rome euſt priſe ſon origine toute la race des Phœnix, d'autant que nous liſons qu'il fut porté à Rome, mais non pas que de luy d'autres fuſſent nais ; mais d'autant qu'apres ceſtuy là il s'en eſt veu d'autres, ie croy (me rapportant neantmoins à la verité de l'hiſtoire) qu'ils viennent par generation naturelle, bien que tres-rares, & ce renouuellement qu'ils font dans leur nid auec les parfums & le Cynnamome, à la veuë du Soleil, ie le croy auſſi, mais ç'eſt à mon aduis pour raieunir, ou ſe liberer de quelque infirmité, ainſi que recite Albert le Grand, que les hirondelles dans leur nid illuminent auec la Chelidoine les yeux de leurs petits, aueugles. Or maintenant quand les Ciarlatans vendent des huiles ou onguents, eſquels ils diſent entrer la graiſſe du Phœnix, ou de l'oyſeau de Paradis, qui peut le croire, le croye.

Icy finira mon difcours, lequel affeurement (bien
que ce foit mon deffein de n'offencer iamais per-
fonne) offencera Tabarin, Mondor, & de Combes,
eux-mefmes recognoiffans affez que ie dis la pure
verité: Car combien de fois les auons nous veus dans
leurs chambres, apres auoir rempli leurs coffres de
noftre argent, & gorgez de nos defpouilles, fe mocquer de nous auec pitié & compaffion de noftre fimplicité? Mais ils difent que la neceffité qui n'a point
de loy, les y contraint, & qu'ils profitent plus en cefte profeffion que nous en la noftre : Mais ce n'eft
pas affez, il faut eftre homme d'honneur, & ne pas
toufiours feruir de Ciarlatan, de bouffon ou de bafte-
leur. Quant à Mondor il a de l'efprit, & vn peu de
lettres, & feroit capable, s'il vouloit, d'vne vacation
plus honorable. Il eft ciuil & courtois, oftá t fon cha-
peau bien honneftement, & auec vn doux foubsris
quand il renuoye le mouchoir ou le gand. Quant à
de Combes il eft groffier & ruftaud, il ne fçait lire ny
efcrire, ny parler, & le peu d'audience qu'on luy
donne le fait tenir, comme il eft, pour le plus ignorant Ciarlatan & plus effronté menteur qui ayt mô-
té iamais en banc. Or ie leur dedie cet efcrit pour vn
remerciement des fauffes drogues qu'ils m'ont fou-
uentesfois donné, ie les voulois cognoiftre deuant
que les condamner.

FIN.